ESCALADE BY CADILLAC

L'ESCALADE DE CADILLAC

A Crabtree Branches Book

Un livre de la collection Les branches de Crabtree

Tracy Nelson Maurer

Crabtree Publishing

crabtreebooks.com

School-to-Home Support for Caregivers and Teachers

This high-interest book is designed to motivate striving students with engaging topics while building fluency, vocabulary, and an interest in reading. Here are a few questions and activities to help the reader build upon his or her comprehension skills.

Before Reading:

- What do I think this book is about?
- What do I know about this topic?
- What do I want to learn about this topic?
- Why am I reading this book?

During Reading:

- I wonder why...
- I'm curious to know...
- How is this like something I already know?
- What have I learned so far?

After Reading:

- What was the author trying to teach me?
- What are some details?
- How did the photographs and captions help me understand more?
- Read the book again and look for the vocabulary words.
- What questions do I still have?

Extension Activities:

- What was your favorite part of the book? Write a paragraph on it.
- Draw a picture of your favorite thing you learned from the book.

Soutien de l'école à la maison pour les parents, les gardiens et les enseignants

Ce livre très intéressant est conçu pour motiver les élèves en difficulté d'apprentissage grâce à des sujets captivants, tout en améliorant leur fluidité, leur vocabulaire et leur intérêt pour la lecture. Voici quelques questions et activités pour aider le lecteur ou la lectrice à développer ses capacités de compréhension.

Avant la lecture

- De quoi ce livre parle-t-il?
- Qu'est-ce que je sais sur ce sujet?
- Qu'est-ce que je veux apprendre sur ce sujet?
- Pourquoi je lis ce livre?

Pendant la lecture

- Je me demande pourquoi...
- Je suis curieux de savoir...
- En quoi est-ce semblable à quelque chose que je sais déjà?
- Qu'est-ce que j'ai appris jusqu'à présent?

Après la lecture

- Qu'est-ce que l'autrice veut m'apprendre?
- Nomme quelques détails.
- Comment les photographies et les légendes m'aident-elles à mieux comprendre?
- Lis le livre à nouveau et cherche les mots de vocabulaire.
- Ai-je d'autres questions?

Activités complémentaires

- Quelle est ta section préférée de ce livre? Rédige un paragraphe à ce sujet.
- Fais un dessin représentant l'information que tu as préférée dans ce livre.

TABLE OF CONTENTS

TABLE DES MATIÈRES

SO STYLIN'

Superstars, kings and queens, and top-secret **VIPs** own the Cadillac Escalade for its swanky style. Some regular folks like its beefy look, too. But luxury doesn't come cheap. This Caddy costs from around $78,000 to well over $100,000.

QUEL STYLE!

Des vedettes, des rois et reines et des personnes ultrasecrètes possèdent l'Escalade de Cadillac pour son style huppé. Certains acheteurs réguliers aiment aussi son aspect costaud. Mais le luxe n'est pas bon marché. Ce Caddy peut coûter de 78 000 $ à bien plus de 100 000 $.

Cadillac has a history of innovations. For example, Cadillac introduced the first electric starter in 1912. Drivers had to use hand cranks before this back-saving invention.

Cadillac a une longue histoire d'innovations. Par exemple, Cadillac a présenté le premier démarreur électrique en 1912. Les conducteurs devaient utiliser une manivelle avant cette invention révolutionnaire.

For more than 100 years, Cadillac has been a **prestige** brand in the United States. Its famous crest is a symbol of wealth and taste to many people. When the Escalade rolled onto the streets in 1999, it revved up excitement for luxury **SUVs**.

Depuis plus de 100 ans, Cadillac est une marque de **prestige** aux États-Unis. Son fameux insigne est un symbole de richesse et de bon goût pour de nombreuses personnes. Quand l'Escalade est sorti sur les routes en 1999, il a ravivé l'enthousiasme pour les **VUS** de luxe.

Tom Brady, David Beckham, and Adam Sandler are all Escalade owners.
Tom Brady, David Beckham et Adam Sandler sont tous des propriétaires d'Escalade.

SUPER SEATING

Over the years, Cadillac has updated the Escalade five times. In 2021, the company introduced hands-free driving and a newly designed cab that looks more like a fancy theater than a grocery-getter.

DES SIÈGES SPACIEUX

Au fil des années, Cadillac a mis à niveau l'Escalade cinq fois. En 2021, l'entreprise a introduit la conduite mains libres et un habitacle redessiné qui ressemble plus à un cinéma chic qu'à un simple véhicule pour aller au supermarché.

Interior lighting offers 19 color choices to set the mood.
L'éclairage intérieur est offert en 19 choix de couleurs pour créer de l'ambiance.

Every Escalade features handcrafted leather seats, natural wood trim, and other fine details.

Chaque Escalade comprend des sièges de cuir fabriqués à la main, des garnitures en bois naturel et d'autres détails raffinés.

Look at that dashboard display! It's the first curved display of its kind with touch screen controls and richer colors than most home TVs.

Regarde cet écran de tableau de bord! Il s'agit du premier écran incurvé du genre avec des commandes tactiles et des couleurs plus riches que la plupart des téléviseurs.

The display panel has the broadest color range available in any vehicle so far.

Le tableau d'affichage est doté de la plus vaste gamme de couleurs offerte dans les véhicules jusqu'à maintenant.

Beyond the comfy heated and cooled seats, the Escalade also offers a listening experience that wraps the sound around each passenger. It's so good that singer James Blake has tested his songs in an Escalade before he has released them. Cadillac treated a small group of his fans to a private concert using the Escalade stereo system.

Au-delà des sièges confortables chauffants et refroidissants, l'Escalade offre également une expérience d'écoute qui enveloppe chaque passager. La qualité du son est si bonne que le chanteur James Blake a testé ses chansons dans un Escalade avant leur sortie. Cadillac a offert à un petit groupe de ses admirateurs un concert privé au moyen du système stéréo de l'Escalade.

No need to feel tense in the Escalade with a seat massage.
Impossible de se sentir tendu dans l'Escalade grâce aux sièges de massage.

COMFORT STRETCH

Cadillac stretched the 2021 Escalade to its longest length so far, giving the third row more legroom and opening up to 142 cubic feet (4 cubic meters) of **cargo** space—more than enough storage for a soccer team's gear.

ÉTIRER LE CONFORT

Cadillac a étiré la longueur de l'Escalade 2021 à son plus long jusqu'ici, donnant à la troisième rangée plus de place pour les jambes et ouvrant jusqu'à 142 pieds cubes (4 mètres cubes) d'espace de **chargement** — c'est plus que suffisant pour transporter l'équipement d'une équipe de soccer.

Suspension controls let the driver lower the truck body for less of a step up into the truck. The truck body can also lift up for **clearance** on rough roads.

Les commandes de suspension permettent au conducteur d'abaisser la carrosserie du camion pour réduire la hauteur au moment de monter à bord du camion. La carrosserie peut également être surélevée pour assurer un **dégagement** suffisant sur les routes cahoteuses.

226.9 inches (756 cm) length

Longueur de 226,9 pouces (756 cm)

Measuring 3 feet (1 m) tall, the LED rear light blades recall Cadillac's **iconic** bumper fins from the 1950s. Puddle lamps beneath the doors light the way with the Cadillac crest.

Mesurant 3 pieds (1 m) de haut, les feux arrière à DEL rappellent les lamelles **emblématiques** du pare-chocs arrière de Cadillac des années 1950. L'éclairage de sortie sous la porte illumine le sol avec l'insigne de Cadillac.

BRIDGESTONE
ESCALADE

MUSCLE MACHINE

Even with all of its luxury dressing, the Escalade is still an SUV with a powerful engine. The standard 6.2-liter V8 engine delivers 420 **horsepower** and hefty towing muscle.

UNE MACHINE MUSCLÉE

Même avec tous ses accessoires luxueux, l'Escalade demeure un VUS avec un moteur puissant. Le moteur V8 standard de 6,2 litres génère une puissance de 420 **chevaux-vapeur** et une grande capacité de remorquage.

For the first time in the Escalade's history, Cadillac offered a diesel option in 2021. The 3.0-liter diesel engine features an inline six-cylinder setup with a **turbocharger**. Diesel engines usually last longer than gasoline engines and burn less fuel.

Pour la première fois dans l'histoire de l'Escalade, Cadillac offre une version diesel en 2021. Le moteur diesel de 3,0 litres est doté d'une configuration à six cylindres et d'un **turbocompresseur**. Les moteurs diesel durent habituellement plus longtemps que les moteurs à essence et consomment moins de carburant.

A V8 engine positions eight cylinders in a V shape to burn fuel. An inline six-cylinder motor burns fuel in six cylinders set up in a single row.

Le moteur V8 comporte huit cylindres placés en forme de V pour brûler le carburant. Le moteur à six cylindres alignés brûle le carburant dans six cylindres placés en une seule rangée.

An optional control system under the vehicle reads every inch of the road 1,000 times per second to respond to uneven surfaces. That's one smooth ride.

Un système de contrôle optionnel sous le véhicule capte chaque pouce de la route 1 000 fois par seconde afin de s'ajuster aux surfaces cahoteuses pour un roulement tout en douceur.

EYES ON THE ROAD

Safety matters on the road and in the parking lot. The Escalade uses many cameras to show an overhead picture of the entire area around the vehicle.

LES YEUX SUR LA ROUTE

La sécurité est importante sur la route et dans les stationnements. L'Escalade utilise plusieurs caméras pour montrer une image du dessus de la zone entourant le véhicule.

3D Overhead
74° 1:44
ON
AUTO
OFF
A/C
SYNC
START
ENGINE
STOP

3D Overhead

Escalade drivers can see better in the dark. The Night Vision option senses heat to create an image of people or large animals beyond the headlamps.

Les conducteurs d'Escalade peuvent voir mieux dans le noir. L'option d'aide à la vision de nuit capte la chaleur pour créer une image des personnes ou des gros animaux qui se trouvent au-delà des phares.

0
MPH
3 4 5 6
RPMx1000
E
154mi

DELUXE LUXURY

Some people want luxury on top of luxury! **Specialty** companies turn Escalades into rides that double as office suites or party rooms for wealthy clients. Interiors with extra-large TVs, footrests for each seat, or cabinets for glassware add a fancy touch. Exterior upgrades might include extra glossy black paint, blacked-out grills, tinted windows, or shiny chrome accents.

LE LUXE LUXUEUX

Certaines personnes veulent du luxe encore plus luxueux! Des entreprises **spécialisées** transforment les Escalade en véhicules qui servent également de bureau ou de salle de réception pour les clients fortunés. Des téléviseurs à grand écran, des repose-pieds à chaque siège ou des armoires pour la verrerie ajoutent une touche de raffinement à l'intérieur. Les ajouts extérieurs peuvent comprendre une peinture noire ultra lustrée, des calandres obscurcies, des vitres teintées ou des accents de chrome brillant.

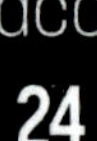

Some companies turn Escalades into stretch limousines.
Certaines entreprises transforment les Escalade en limousines.

Luxury can also mean extra security. **Armor** technology such as bulletproof windows, electric-shock door handles, and pepper spray nozzles mounted on the roof offer mega protection. These rides cost about $350,000.

Le luxe peut aussi signifier une sécurité renforcée. Le **blindage** comme les fenêtres pare-balles, les poignées à décharge électrique et les diffuseurs de gaz poivré fixés sur le toit offrent une protection supérieure. Ces véhicules coûtent environ 350 000 $.

AN ELECTRIC ESCALADE?

Critics say the Escalade guzzles too much gas. They do suck up fuel! These SUVs typically get about 15 miles (24 km) per gallon with city driving and 20 miles (32 km) per gallon on the highway. Cadillac may release the Escalade as an electric vehicle someday.

UN ESCALADE ÉLECTRIQUE?

Ses **détracteurs** affirment que l'Escalade consomme trop d'essence. Il boit beaucoup, en effet! Ce VUS a une consommation moyenne de 15 milles (24 km) au gallon pour la conduite en ville et de 20 milles (32 km) au gallon sur l'autoroute. Cadillac pourrait produire un Escalade électrique un jour.

No matter how it changes in the future, the Escalade is the SUV to watch for American luxury.

Peu importe les changements à venir, l'Escalade est le VUS à surveiller pour le luxe à l'américaine.

GLOSSARY/ GLOSSAIRE

armor (AHR-mur): Protective gear
cargo (KAHR-goh): Transported items
clearance (KLEER-uhns): Space between the ground and vehicle
critics (KRIT-iks): People who find something wrong with things
horsepower (HORS-pou-ur): A unit for measuring an engine's power
iconic (EYE-kohn-ik): A well-known symbol
prestige (pre-STEEEZH): A high standing based on respect or credit from others
specialty (SPESH-uhl-tee): Focused on certain skills, products, or services
SUVs (ESS-YOU-VEEZ): An abbreviation for Sport Utility Vehicles
turbocharger (TUR-boh-CHARJ-ur): A device that pushes extra air into an engine for more power
VIPs (VEE-EYE-PEEZ): An abbreviation for Very Important Persons

blindage (blin-daj) : Traitement de protection supérieure
chargement (char-je-man) : Objets transportés
chevaux-vapeur (che-vo va-peur) : Unité de mesure de la puissance d'un moteur
dégagement (dé-ga-je-man) : Espace entre le sol et le véhicule
détracteurs (dé-trak-teur) : Personnes qui trouvent les choses qui clochent
emblématiques (an-blé-ma-tik) : Un symbole bien connu
prestige (prèss-tij) : Un produit haut de gamme en fonction du respect ou du crédit des autres
spécialisées (spé-ssia-li-zé) : Qui se consacrent à certains produits, services ou compétences
turbocompresseur (tur-bo-con-prè-sseur) : Un dispositif qui pousse de l'air de plus dans un moteur pour générer plus de puissance
VUS (vé-u-èss) : L'abréviation de véhicule utilitaire sport

INDEX/ INDEX

WEBSITES TO VISIT
SITES WEB À CONSULTER

https://www.cadillac.com

https://www.guideautoweb.com/en/galleries/54082/the-cadillac-escalade-through-time/?im=11

https://beckerautodesign.com/esv/index.html

https://www.motortrend.com/news/2021-cadillac-escalade-duramax-diesel-engine-details/

ABOUT THE AUTHOR / À PROPOS DE L'AUTEURE

Tracy Nelson Maurer

Tracy Nelson Maurer has written more than 100 nonfiction books for young readers. She lives in Minnesota where she happily drives a minivan.

Tracy Nelson Maurer a écrit plus de 100 ouvrages documentaires pour les jeunes lecteurs. Elle vit au Minnesota, où elle conduit joyeusement une minifourgonnette.

Crabtree Publishing

crabtreebooks.com 800-387-7650

Au Canada : Nous reconnaissons l'appui financier du gouvernement du Canada par l'entremise du Fonds du livre du Canada pour nos activités de publication.

Hardcover 978-1-0398-7001-7
Paperback 978-1-0398-6989-9
Ebook (pdf) 978-1-0398-7013-0
Epub 978-1-0398-7025-3

Library and Archives Canada Cataloguing in Publication
Available at the Library and Archives Canada

Library of Congress Cataloging-in-Publication Data
Available at the Library of Congress

Published in Canada
Publié au Canada
Crabtree Publishing
616 Welland Avenue
St. Catharines, Ontario
L2M 5V6

Published in the United States
Crabtree Publishing
Publié aux États-Unis
347 Fifth Avenue
Suite 1402-145
New York, NY 10016

Written by/Auteure: Tracy Nelson Maurer
Designed by/Conception: Jennifer Dydyk
Edited by/Révision: Kelli Hicks
Proofreader/Correctrice: Kathy Middleton
Translation/Traduction: Annie Evearts

Printed in/Imprimé au

Photographs/ Photographies: Cover: Logo graphic © Shutterstock.com/officeku, speedometer © Shutterstock.com/ Panuwatccn, shiny car hood top left on cover and throughout book © Shutterstock.com/ Inked Pixels, Escalade cover photo © Cadillac.com. All Rights Reserved, Title page : ©Cadillac.com. All Rights Reserved, PG 4: ©Cadillac.com. All Rights Reserved, PG 5: ©Cadillac.com (top), Tom Brady © All-Pro Reels from District of Columbia, USA https://creativecommons, org/licenses/by-sa/2.0/ deed.en. ©Andrea Raffin / Shutterstock.com, ©Kathy Hutchins / Shutterstock.com, PG 6-7: ©Cadillac.com (all). All Rights Reserved, PG 8-9: ©Cadillac.com (all). All Rights Reserved, PG 10-11: ©Cadillac.com (all). All Rights Reserved, PG 12-13: ©Cadillac.com (all). All Rights Reserved, PG 14-15: ©Cadillac.com (all). All Rights Reserved, PG 16-17: ©Cadillac.com (all). All Rights Reserved, PG 18-19: ©Cadillac.com. All Rights Reserved, PG 19: ©Kanison| Dreamstime.com (inset), PG 20-21: ©Cadillac.com (all). All Rights Reserved, PG 22-23: ©Cadillac.com (all). All Rights Reserved, PG 24: ©Brphoto| Dreamstime.com, PG 25: ©Art Konovalov / Shutterstock.com, PG 26-27: ©Yelenapilipchuk| Dreamstime.com, PG 28: ©Art Konovalov / Shutterstock.com, PG 29: ©Valokuva24 / Shutterstock.com (top), ©Cadillac.com. All Rights Reserved. Special Thanks to cadillac.com for the use of their images to teach young children reading skills using nonfiction/editorial informational text and images.